QUIEN SOY YO?

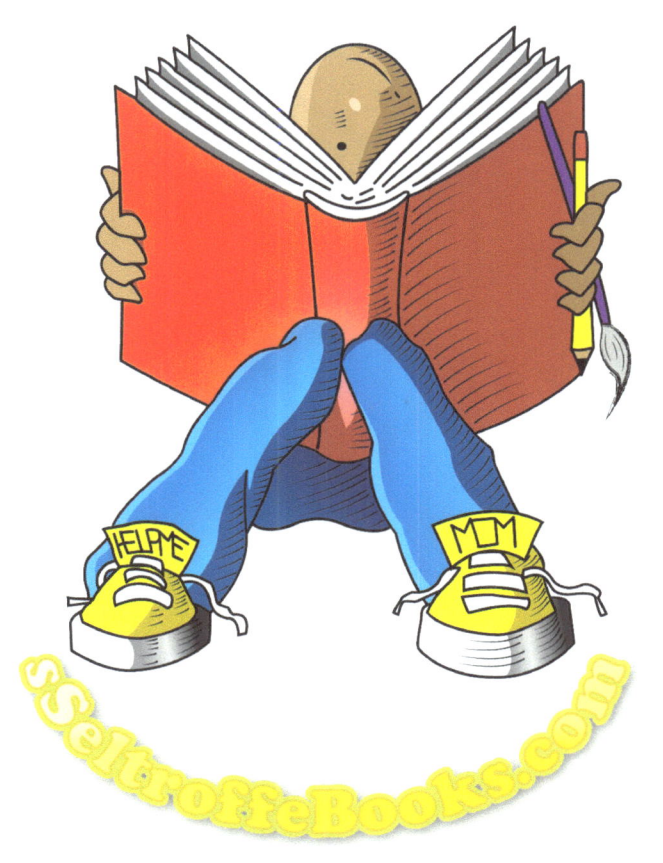

Dr. Raphael A. Mizzell

ORLANDO, FLORIDA

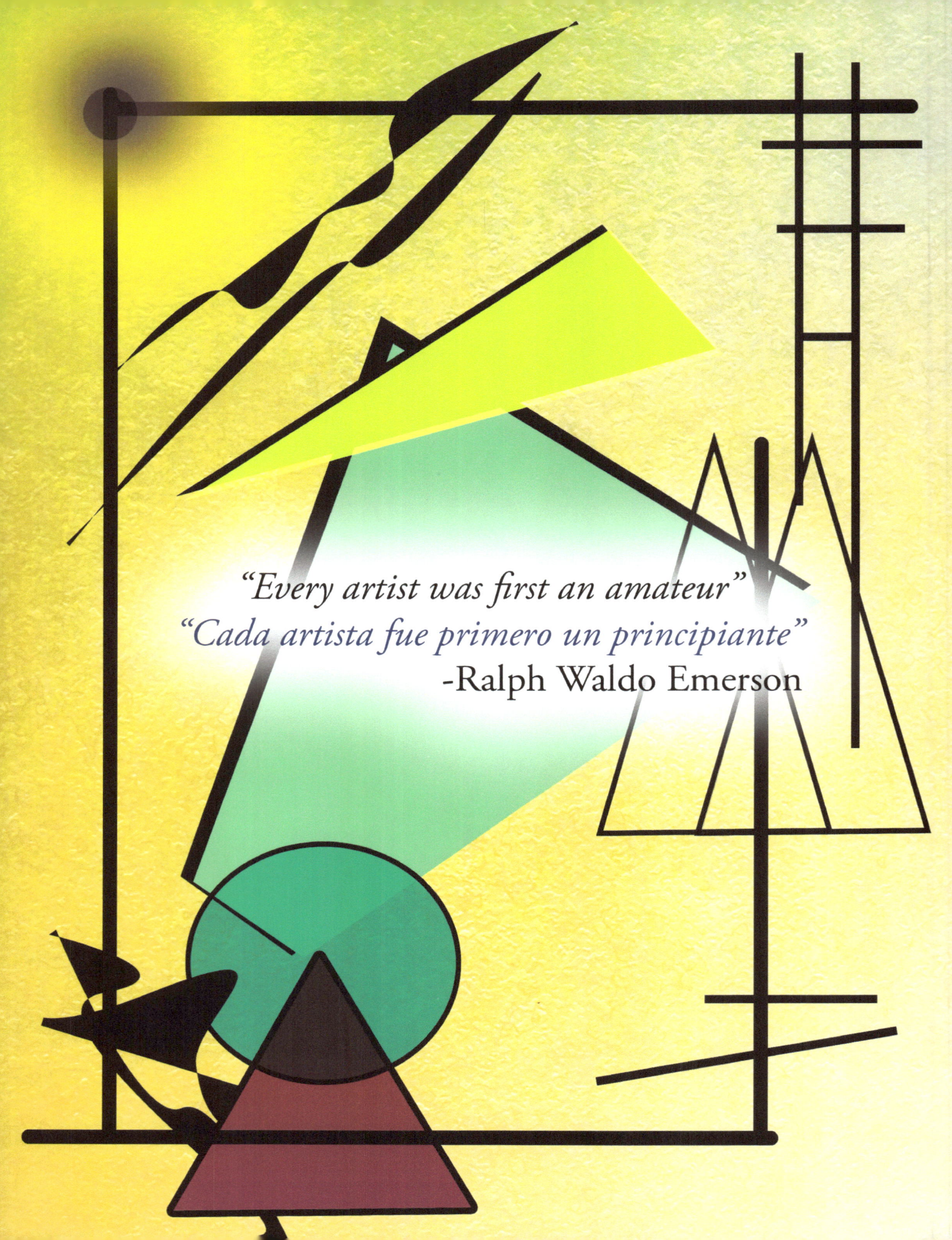

"*Every artist was first an amateur*"
"*Cada artista fue primero un principiante*"
-Ralph Waldo Emerson

for my mother Betty Quinn R.I.P.

Text and artists illustrations copyright © 2013 by Raphael A. Mizzell

All rights reserved.

Library of Congress Cataloging in Publication Data

Control Number: 2013943895

Text page Illustrations by Tommy Chandler

TommyChand@gmail.com

Graphics Layout by Oscar William

oscarb@trusake.com

Mizzell, Raphael A. Who Am I? Famous Artists

RaphaelMizzell@gmail.com

SUMMARY: This book is about the contributions of 13 notable artists. Artists are listed in chronological order starting from the Renaissance period to Contemporary art, giving you a timeline. The book also gives readers a brief background of the artists, art terms and the characteristics of significant art movements that shaped Art History, as we know it.

RESUMEN: Este libro es sobre las contribuciones de 13 artistas notables. Dichos artistas están organizados en orden cronológico empezando desde el periodo de Renacimiento hasta el Arte Contemporáneo, dándote una línea de tiempo. El libro también le da al lector algo de información de cada artista, términos de arte y las características de movimientos de arte significativos que moldearon la Historia del Arte, tal como la conocemos.

ISBN-10: 0976559935

ISBN-13: 978-0-9765599-3-1

Who Am I?

I am an Italian painter, sculptor, architect and a poet who is considered one of the best Italian artists to ever live. My style was distinctive as I created muscular but well-proportioned figures combined with reality in my works of art. One of my most notable art works is the enormous marble statue of *David* which stands over 14 feet tall. My masterpiece painting is the *Sistine Chapel* ceiling; it contains nine different scenes from the Book of Genesis. I was part of the High Renaissance movement, which symbolized "rebirth." Renaissance artists studied <u>Classical Art</u> while incorporating new art developments with scientific knowledge and humanist philosophy.

I am better known as **Michelangelo**.

Quien soy yo?

Soy un pintor Italiano, escultor, arquitecto y un poeta que es conocido como uno de los mejores artistas Italianos de la historia. Mi estilo era distinto ya que en mis trabajos de arte creaba figuras musculosas pero bien proporcionadas combinadas con la realidad. Una de mis más notables obras es la enorme estatua de mármol de *David*, que mide más de 14 pies de altura. Mi pintura maestra es el techo de la *Capilla Sixtina*, que contiene nueve escenas diferentes del Libro de Génesis. Yo era parte del movimiento del Alto Renacimiento, que representaba el "renacer". Muchos artistas del Renacimiento estudiaron <u>Arte Clásica</u> mientras incorporaban nuevos desarrollos artísticos con sabiduría científica y filosofía humanista.

Soy mejor conocido como **Miguel Ángel**.

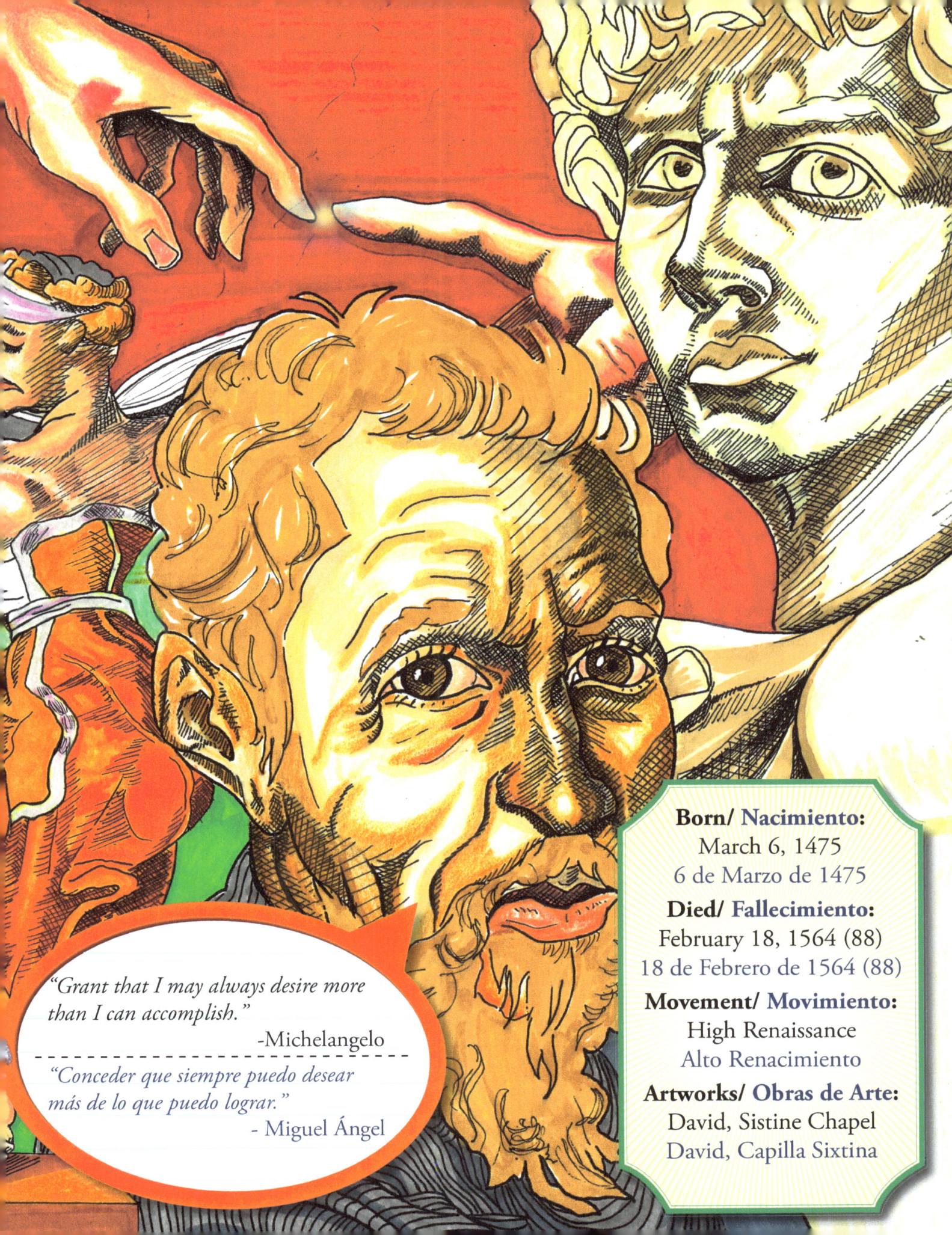

"Grant that I may always desire more than I can accomplish."
-Michelangelo
- -
"Conceder que siempre puedo desear más de lo que puedo lograr."
- Miguel Ángel

Born/ Nacimiento:
March 6, 1475
6 de Marzo de 1475
Died/ Fallecimiento:
February 18, 1564 (88)
18 de Febrero de 1564 (88)
Movement/ Movimiento:
High Renaissance
Alto Renacimiento
Artworks/ Obras de Arte:
David, Sistine Chapel
David, Capilla Sixtina

Who Am I?

I am an Italian painter who used a style called <u>tenebrism</u>, which was an extreme shift in contrast of light and dark. The Renaissance artist used a similar style called <u>chiaroscuro</u>, but my style gave figures a more dramatic three-dimensional illusion. I was a pioneer of the Baroque movement, which is characterized by great drama, rich, deep color, and intense light and dark shadows. This was in contrast to Renaissance art, which usually showed the moment before an event took place. Baroque artists chose the most dramatic point, the moment when the action occurred.

I am **Michelangelo Merisi da Caravaggio**.

- -

Quien soy yo?

Soy un pintor Italiano que usaba un estilo llamado <u>tenebrismo</u>, que era un extremo cambio en contraste con el claroscuro. Los artistas del Renacimiento usaban un estilo similar llamado <u>chiaroscuro</u>, pero mi estilo le dio a las figuras una ilusión tridimensional más dramática. Yo fui pionero del movimiento Barroco, que fue caracterizado por gran drama, rico y profundo color junto a intensas sombras claras y oscuras. Esto hizo contraste con el arte del Renacimiento, que usualmente enseñaba el momento antes de que un hecho sucediera. Los artistas Barrocos eligieron el punto más dramático, el momento en que la acción ocurrió.

Yo soy **Michelangelo Merisi Da Caravaggio**.

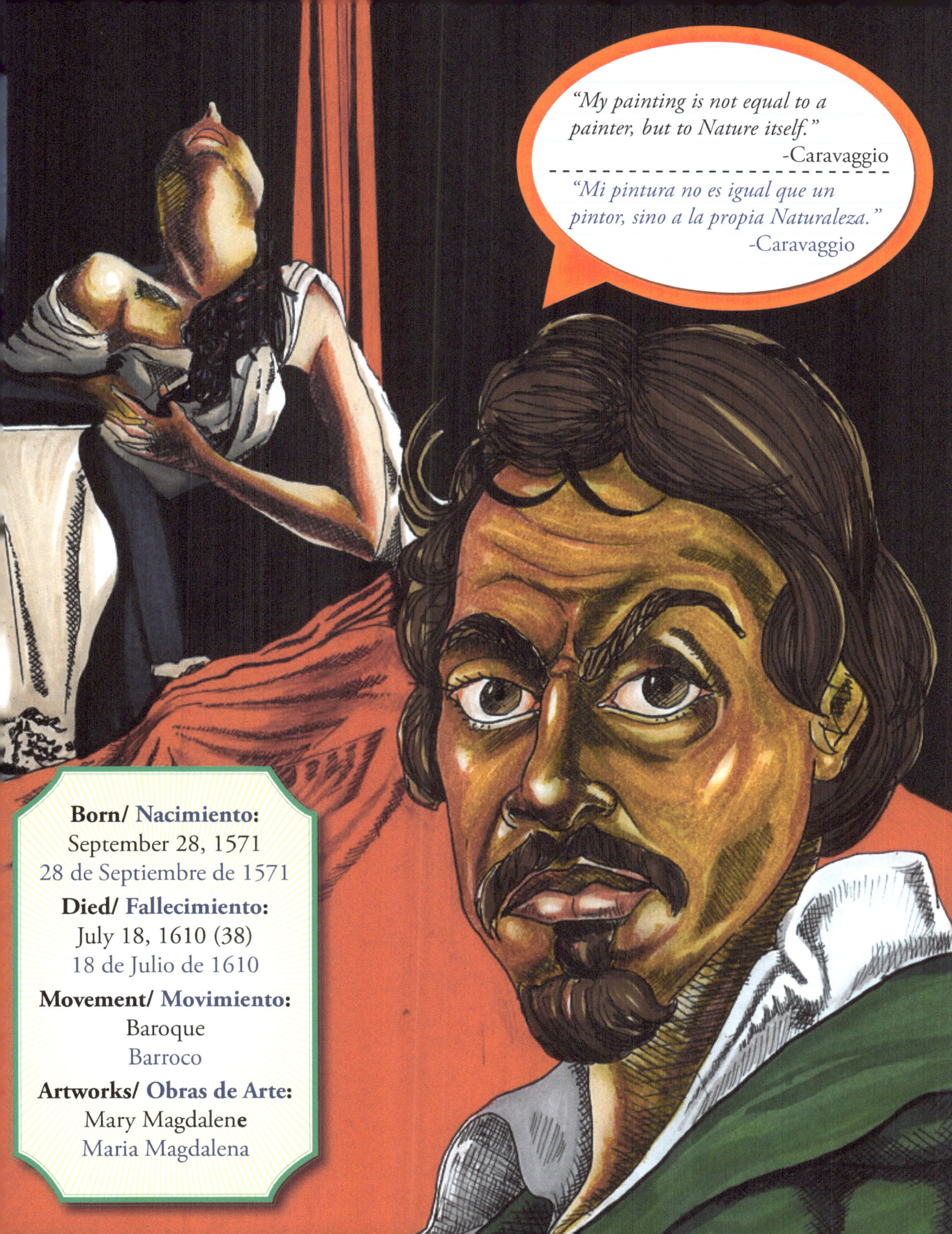

Who Am I?

I am a Spanish born artist and printmaker who was a court painter in the Spanish Crown. I painted numerous royal portraits, paintings that criticized social and political problems. I even painted about the horrors and tragedy of wars. I was a part of the Romanticism period, an artistic, literary and intellectual movement that originated in Europe. The Romanticism period had a strong source of <u>aesthetic</u> experience placing an emphasis on emotions such as fear, horror, terror and awe.

I am **Francisco De Goya**.

- -

Quien soy yo?

Soy un artista nacido en España y un pintor de corte en la Corona Española. Yo pinté numerosos retratos de la realeza, así como pinturas que criticaron problemas sociales y políticos. Incluso pinté sobre los horrores y la tragedia de las guerras. Yo fui parte de el periodo Romántico, un movimiento artístico, literario e intelectual que se originó en Europa. El periodo Romántico tuvo una fuerte fuente de experiencia <u>estética</u> que daba su énfasis a las emociones como el miedo, el horror, el terror y temor.

Yo soy **Francisco De Goya**.

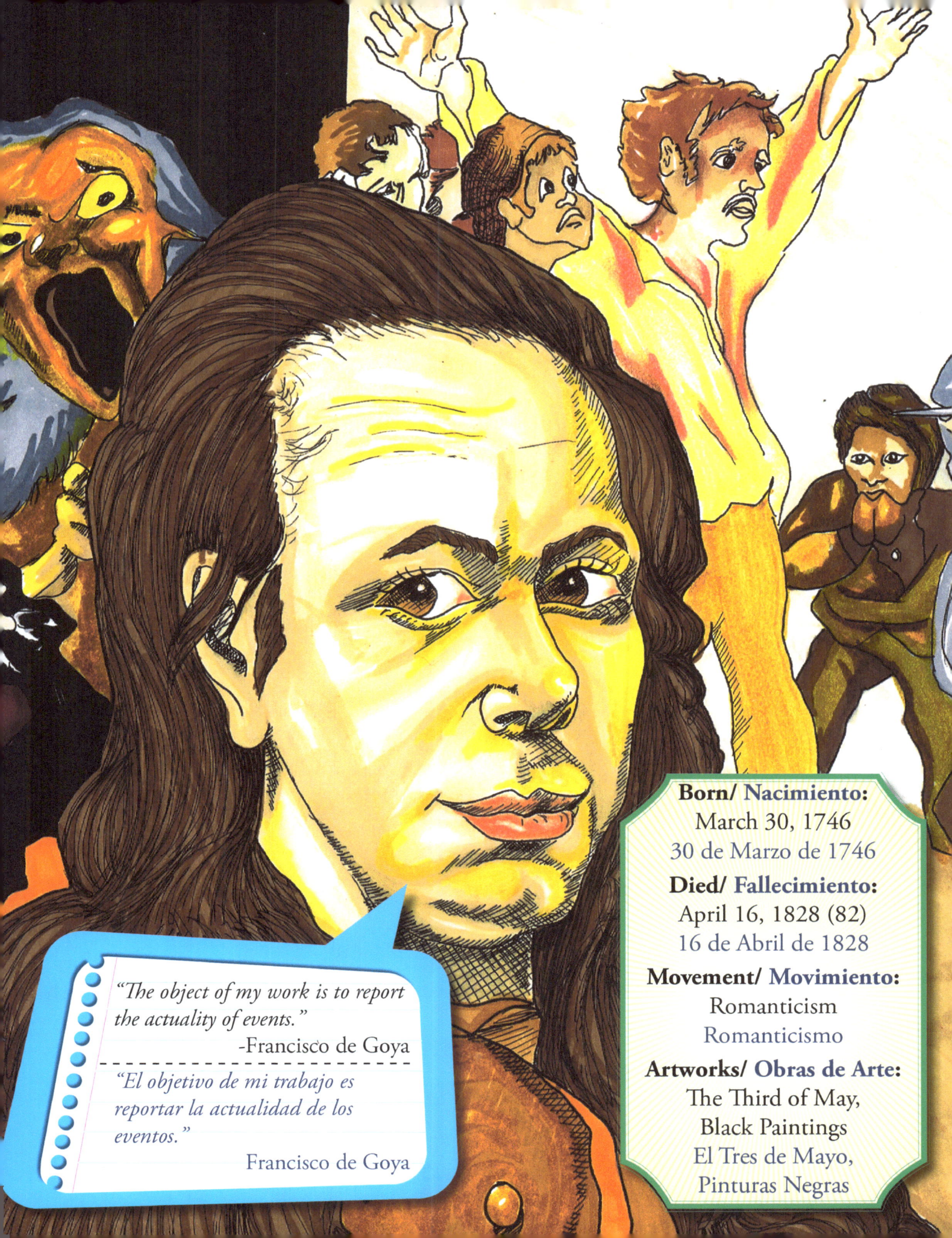

"The object of my work is to report the actuality of events."
-Francisco de Goya

- -

"El objetivo de mi trabajo es reportar la actualidad de los eventos."

Francisco de Goya

Born/ Nacimiento:
March 30, 1746
30 de Marzo de 1746

Died/ Fallecimiento:
April 16, 1828 (82)
16 de Abril de 1828

Movement/ Movimiento:
Romanticism
Romanticismo

Artworks/ Obras de Arte:
The Third of May,
Black Paintings
El Tres de Mayo,
Pinturas Negras

Who Am I?

I am a Dutch painter who was known for my use of vivid colors, rough textures, and simple but expressive paint strokes. I was impressed with nature, color and how light affected various surfaces. In 1886, I moved to Paris with my brother Theo, who was an <u>art</u> dealer. I created over 2,100 artworks including oil paintings, drawings, prints and watercolors. I enjoy creating self-portraits, landscapes, sunflowers and starry nights. I was a part of the Post-Impressionism movement, which was more simplified and expressive than that of the Impressionist painters.

I am **Vincent Van Gogh**.

- -

Quien soy yo?

Soy un pintor Holandés conocido por mi uso de colores vivos, texturas fuertes y simples pero expresivos trazos de pintura. Me impresionó siempre la naturaleza y sus colores, y cómo la luz afectaba diversas superficies. En 1886 me mudé a Paris con mi hermano Theo, quien fue un comerciante de <u>arte</u>. Creé más de 2.100 trabajos de arte incluyendo cuadros al óleo, dibujos, impresiones y acuarelas. Disfruto crear autorretratos, paisajes, girasoles y noches estrelladas. Fui parte del movimiento conocido como Post-Impresionismo, que fue mas simplificado y expresivo que el de los pintores impresionistas.

Yo soy **Vincent Van Gogh**.

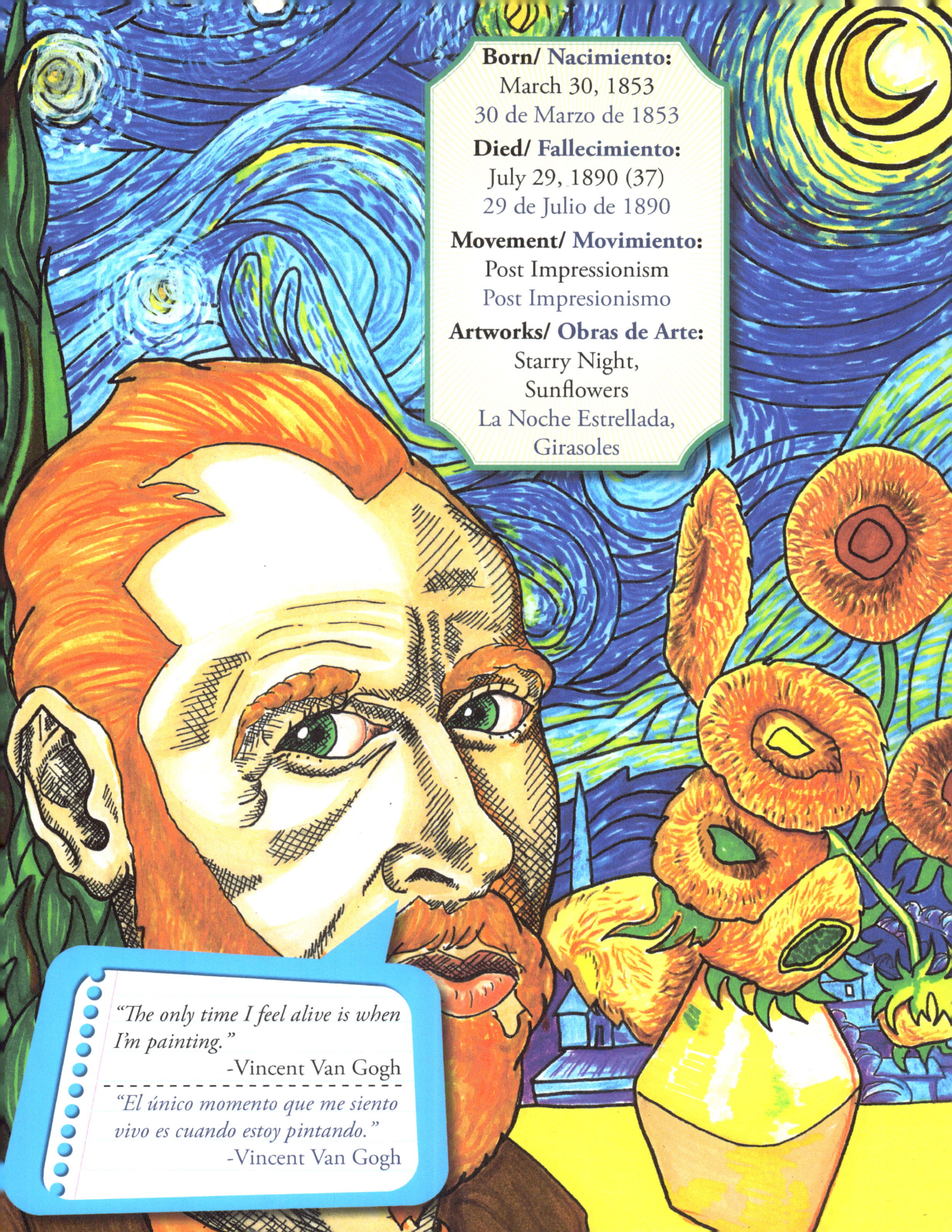

Who Am I?

I am a Norwegian born painter and printmaker. Early in my artistic career, I studied various art styles such as Naturalism and Impressionism. This led me to create art about my own life, which went deeper and contained more expressive content and intensity. I explored my own emotional and psychological state, which led me to create *The Scream*. I was a part of the German Expressionism movement, which created artwork in a more subjective experience to conjure moods or ideas.

I am **Edvard Munch**.

- -

Quien soy yo?

Soy un pintor y dibujante nacido en Noruega. Al principio de mi carrera artística, yo estudie varios estilos de arte como el Naturalismo y el Impresionismo, lo cual me llevó a crear arte sobre mi propia vida, que fue profundizándose y contaba más contenido expresivo e intenso. Yo exploré mi propio estado emocional y psicológico, a lo que me llevó a crear *"El Grito"*. Yo fui parte del movimiento Expresionista Alemán, que creó obras de arte en experiencia más subjetivas al invocar ideas o estados anímicos.

Yo soy **Edvard Munch**.

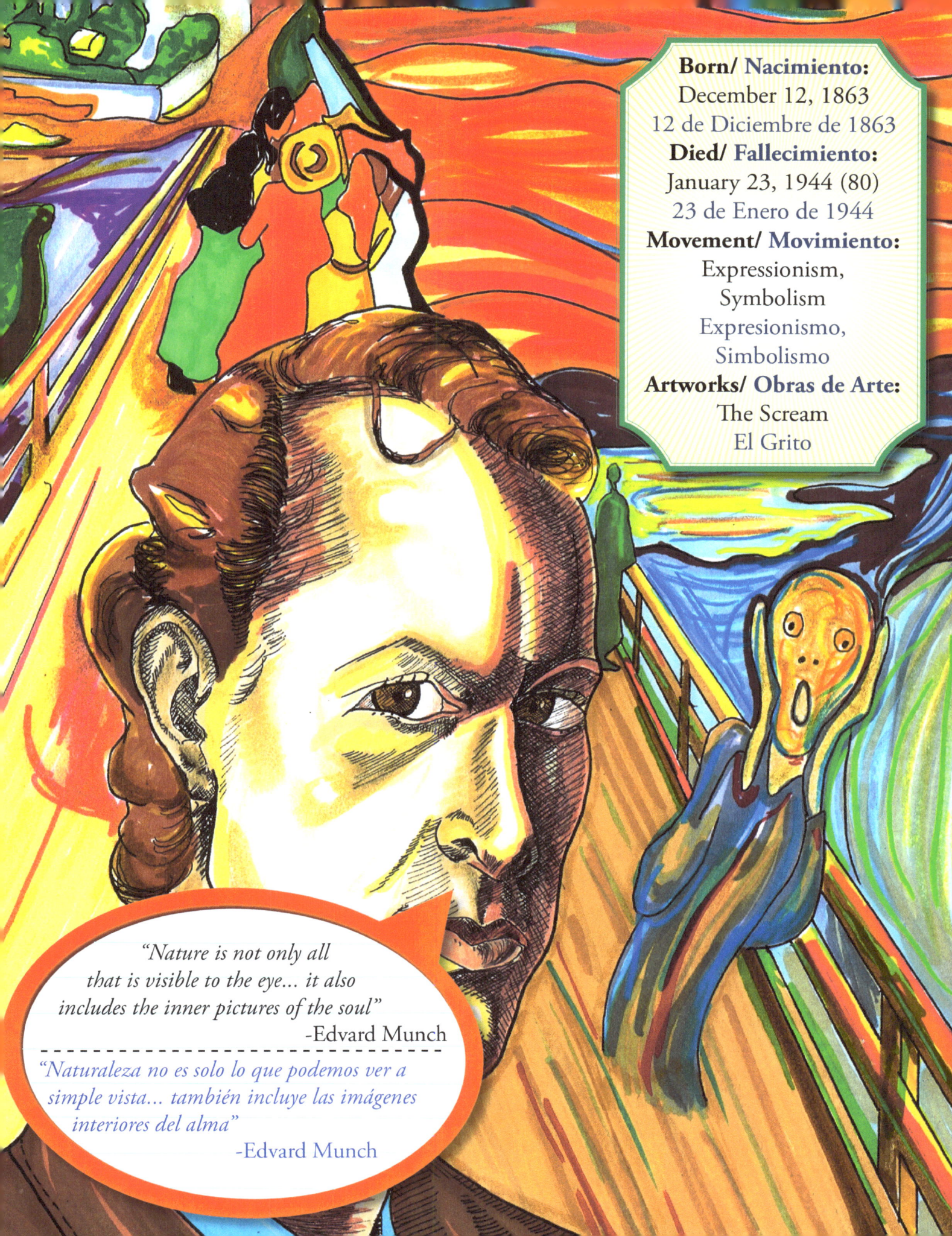

Born/ **Nacimiento:**
December 12, 1863
12 de Diciembre de 1863
Died/ Fallecimiento:
January 23, 1944 (80)
23 de Enero de 1944
Movement/ Movimiento:
Expressionism,
Symbolism
Expresionismo,
Simbolismo
Artworks/ Obras de Arte:
The Scream
El Grito

"Nature is not only all
that is visible to the eye... it also
includes the inner pictures of the soul"
-Edvard Munch

"Naturaleza no es solo lo que podemos ver a
simple vista... también incluye las imágenes
interiores del alma"
-Edvard Munch

Who Am I?

I am a Russian painter and theorist who studied law and economics at the University of Moscow, Russia. As an artist, I studied art at the Academy of Fine Arts in Munich, Germany. I also learned how to play the piano and cello as a child. I am noted for painting the first series of original abstract paintings. I was a part of the Abstract movement, which rebelled against the removal from reality in depiction of <u>imagery</u> in art. I wanted to remove all recognizable images in my artwork as my abstract works were about inner beauty, spiritual desire and music. "I applied streaks and blobs of colors onto the canvas with a palette knife and I made them sing with all the intensity I could..."

I am **Wassily Kandinsky**.

- -

Quien soy yo?

Yo soy un pintor y teórico Ruso que estudió economía y leyes en la Universidad de Moscú, Rusia. Como artista, estudié arte en la Academia de Bellas Artes en Munich, Alemania. También aprendí a tocar el piano y el cello cuando era niño. Soy conocido por pintar las primeras series originales de pinturas abstractas. Fui parte del movimiento abstracto, que se rebelaba contra la eliminación de la realidad en la representación <u>imaginaria</u> en el arte. Yo quería eliminar todas las imágenes reconocibles de mis pinturas, ya que los trabajos abstractos trataban sobre la belleza interna, el deseo espiritual y la música. "Apliqué trazos y masas amorfas de colores al lienzo una cuchillo de paletas, y les hice cantar con toda la intensidad que pude..."

Yo soy **Wassily Kandinsky**.

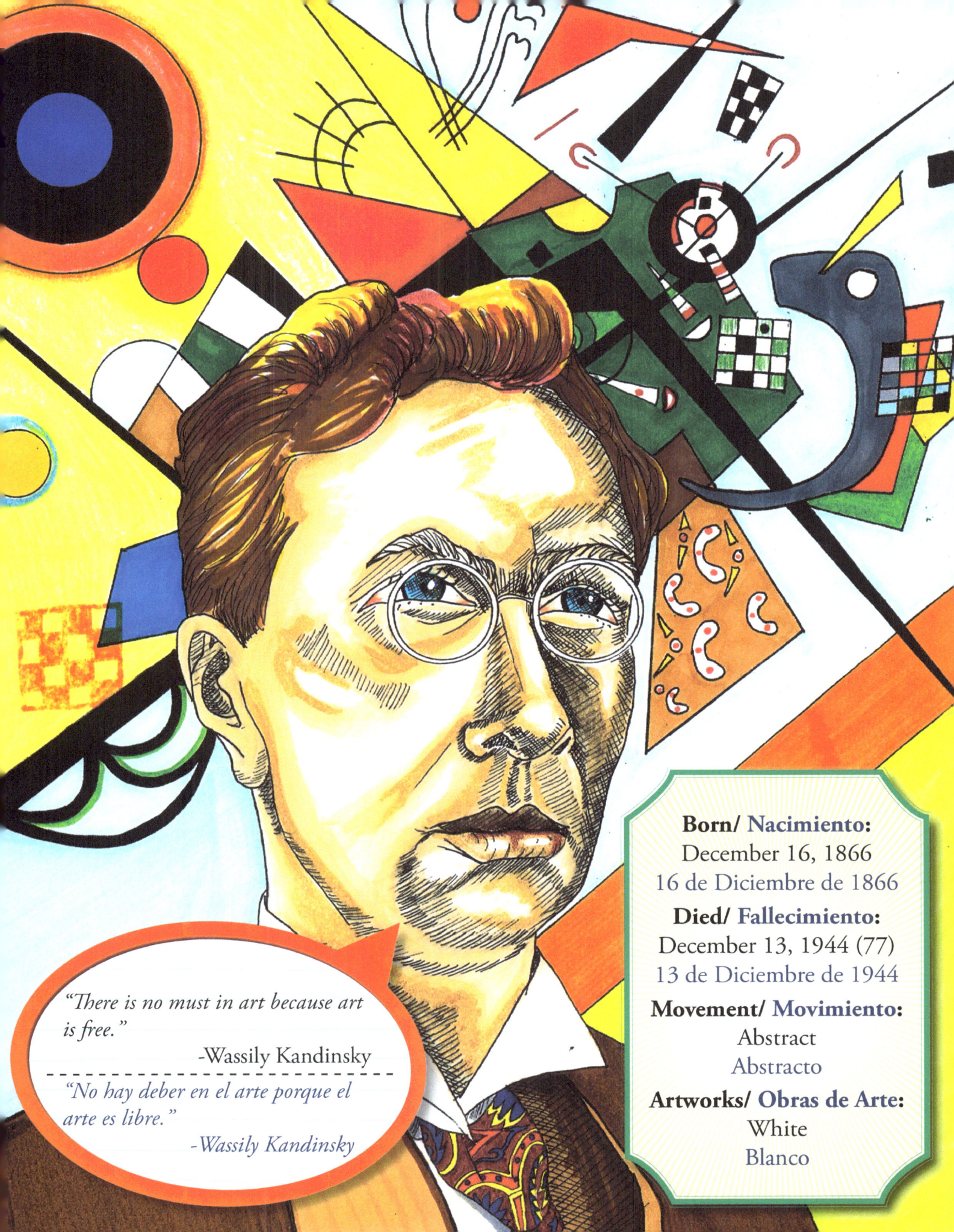

"There is no must in art because art is free."

-Wassily Kandinsky

- -

"No hay deber en el arte porque el arte es libre."

-Wassily Kandinsky

Born/ Nacimiento:
December 16, 1866
16 de Diciembre de 1866

Died/ Fallecimiento:
December 13, 1944 (77)
13 de Diciembre de 1944

Movement/ Movimiento:
Abstract
Abstracto

Artworks/ Obras de Arte:
White
Blanco

*W*ho Am I?

I am a French artist who was not only a painter, but a draughtsman, printmaker and sculptor. I was known for my use of color, flat shapes and controlled lines in my art works. I was a part of the Fauvism movement; fauve meaning "wild animals" in French. Fauvism used wild, simple, strong and vivid colors that pushed Impressionism to the limits.

I am **Henri Matisse.**

----

*Q*uien soy yo?

So un artista Francés que no solo fue pintor, sino también dibujante, ilustrador y escultor. En mis obras de arte, fui conocido por mi uso del color, las formas planas y líneas controladas. Fui parte del movimiento llamado "Fauvismo", un término que proviene de la palabra que significa "animales salvajes" en Francés. El Fauvismo usaba colores salvajes, simples, fuertes y vivos que empujaban el impresionismo al límite.

Yo soy **Henri Matisse**.

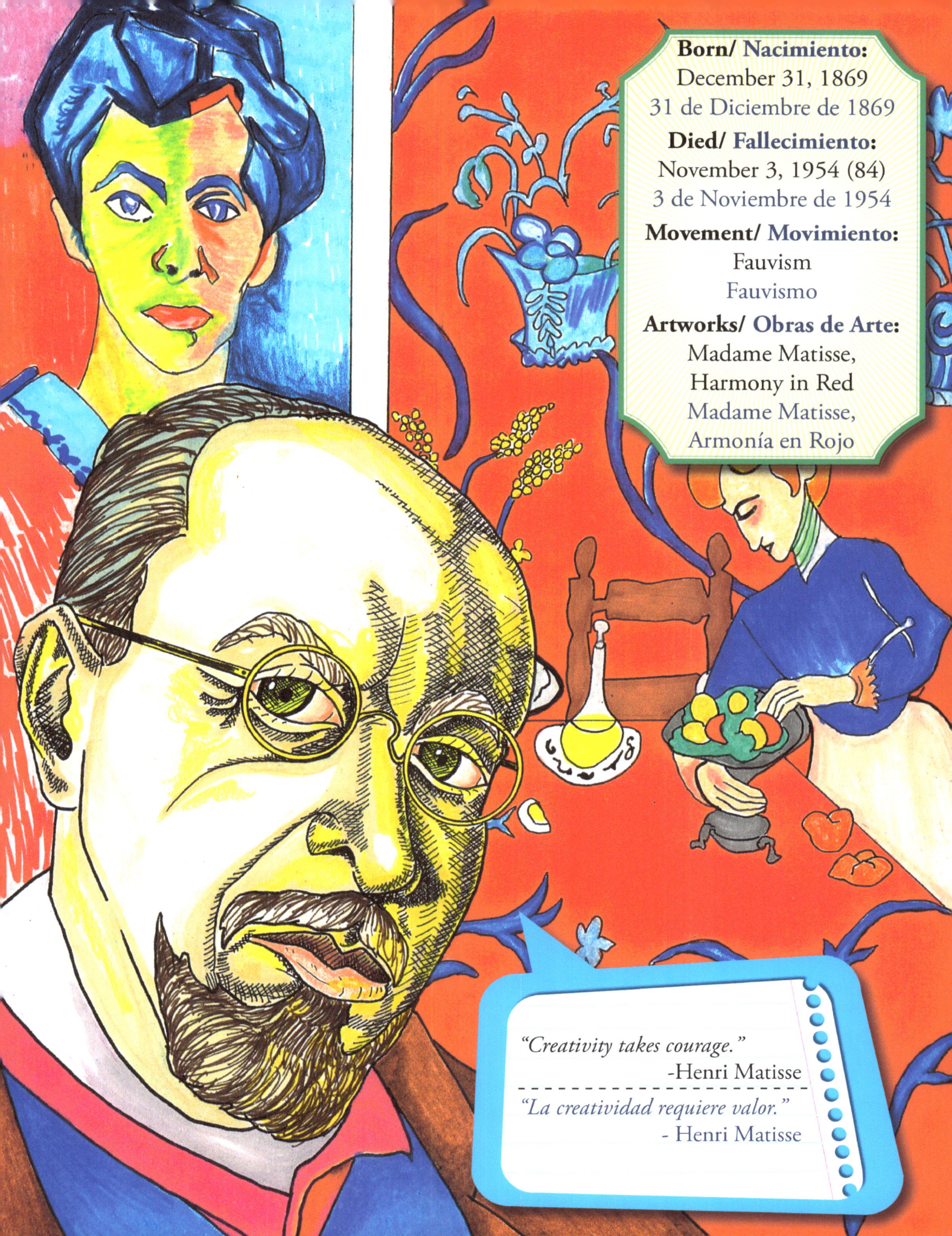

Born/ Nacimiento:
December 31, 1869
31 de Diciembre de 1869

Died/ Fallecimiento:
November 3, 1954 (84)
3 de Noviembre de 1954

Movement/ Movimiento:
Fauvism
Fauvismo

Artworks/ Obras de Arte:
Madame Matisse,
Harmony in Red
Madame Matisse,
Armonía en Rojo

"Creativity takes courage."
-Henri Matisse
- - - - - - - - - - - - - - - - - - - -
"La creatividad requiere valor."
- Henri Matisse

Who Am I?

I am a Spanish painter, sculptor, ceramicist and printmaker. I am noted as one of the most influential artists of the 20th Century. I experimented with various art styles and techniques in my artwork. I am the co-founder of the popular Cubist <u>art movement</u>, which revolutionized European painting and sculpture. This style used geometric forms and fragments that are broken down and reassembled. It also includes angles, lines, shapes and a neutral palette. Cubism also shows strong roots in African tribal art; it paved the way for Abstract art.

I am **Pablo Picasso**.

- -

Quien soy yo?

Soy un pintor Español, escultor, ceramista y dibujante. Se me considera uno de los artistas más influyentes del siglo 20. Yo experimenté con varios estilos de arte y técnicas en mis obras. Soy el co-fundador del famoso <u>movimiento artístico</u> "Cubismo", que revolucionó pinturas y esculturas Europeas. Este estilo usó formas geométricas y fragmentos que están rotos y vueltos a ensamblar. También incluye ángulos, líneas, formas y paletas neutras. El Cubismo también tiene fuertes raíces en el arte tribal Africana, y también preparó el camino para el arte Abstracto.

Yo soy **Pablo Picasso**.

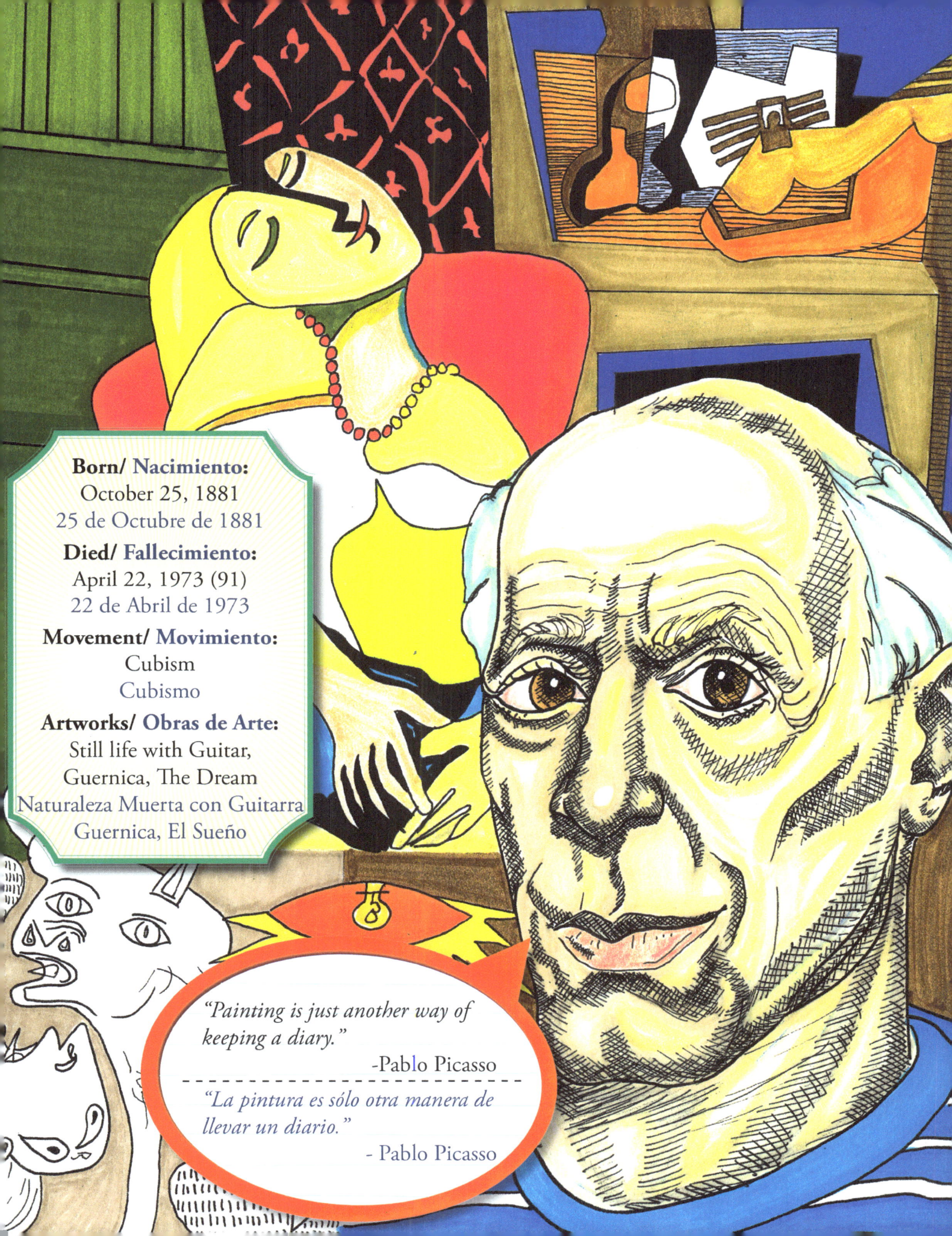

Born/ Nacimiento:
October 25, 1881
25 de Octubre de 1881

Died/ Fallecimiento:
April 22, 1973 (91)
22 de Abril de 1973

Movement/ Movimiento:
Cubism
Cubismo

Artworks/ Obras de Arte:
Still life with Guitar,
Guernica, The Dream
Naturaleza Muerta con Guitarra
Guernica, El Sueño

"Painting is just another way of keeping a diary."
-Pablo Picasso

"La pintura es sólo otra manera de llevar un diario."
- Pablo Picasso

Who Am I?

I am an American artist who specialized in printmaking, painting, cinema and photography. I wanted to bring art into daily life using everyday images like soup cans, comics and celebrities. My artwork was also controversial as it intruded into the media and advertising industry. I was a part of an American and British art movement called Pop Art, which was a revolt against Abstract Painting. Pop Art challenged <u>traditional</u> fine arts by creating images from popular culture, sometimes even isolating these images or combining them with unrelated materials.

I am **Andy Warhol**.

- -

Quien soy yo?

Soy un artista Americano especializado en ilustración, pintura, cine y fotografía. Quise traer el arte a la vida diaria usando imágenes cotidianas, tales como latas de sopa, historietas y celebridades. Mis obras de arte también fueron controversiales, ya que incorporaron a los medios de comunicación y a la industria de publicidad. Era parte del movimiento Americano y Británico llamado Pop Art, que era una respuesta contra la Pintura Abstracta. El Pop Art desafió las artes <u>tradicionales</u> creando imágenes desde la cultura popular, a veces también aislando dichas imágenes o combinándolas con materiales no relacionados.

Yo soy **Andy Warhol**.

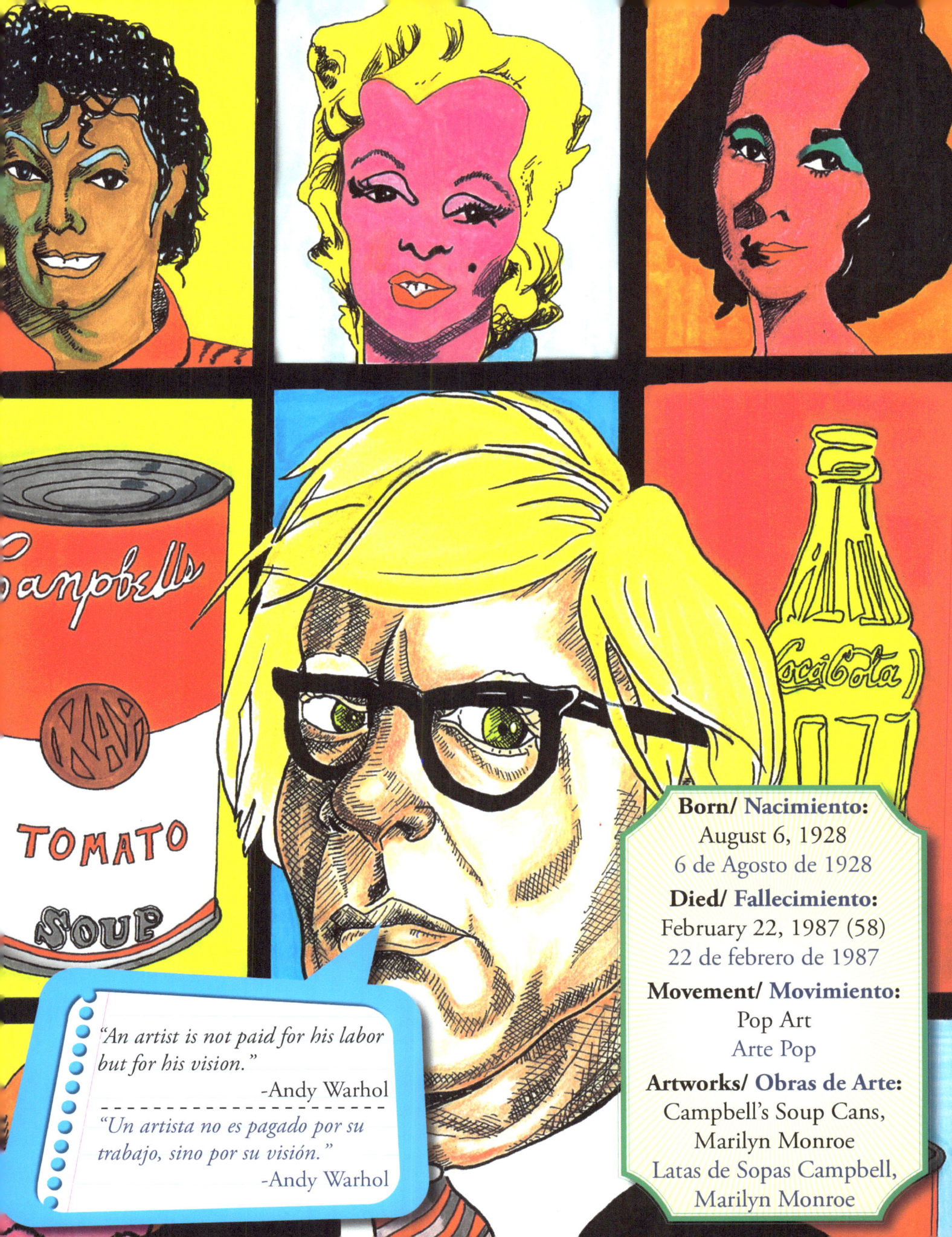

"An artist is not paid for his labor but for his vision."
-Andy Warhol

"Un artista no es pagado por su trabajo, sino por su visión."
-Andy Warhol

Born/ Nacimiento:
August 6, 1928
6 de Agosto de 1928

Died/ Fallecimiento:
February 22, 1987 (58)
22 de febrero de 1987

Movement/ Movimiento:
Pop Art
Arte Pop

Artworks/ Obras de Arte:
Campbell's Soup Cans,
Marilyn Monroe
Latas de Sopas Campbell,
Marilyn Monroe

Who Am I?

I was part of an important art movement in the 20th Century known as Surrealism. I liked painting objects that seem out of place, as they are when you are dreaming. I am known for painting melting clocks and disguising faces in my paintings. I was a part of the Surrealist movement, which emphasizes the unconscious and the importance of dreams and the psychological aspect in arts.

I am **Salvador Dali**.

- -

Quien soy yo?

Fui parte de un movimiento artístico importante del siglo XX conocido como el Surrealismo. Me gustaba pintar objetos que parecían fuera de lugar, como lo son cuando se está soñando. Soy conocido por pintar relojes derretidos y caras ocultas en mis pinturas. Yo fui parte del movimiento Surrealista, que enfatizó lo inconsciente y la importancia de los sueños y los aspectos psicológicos en el arte.

Yo soy **Salvador Dali**.

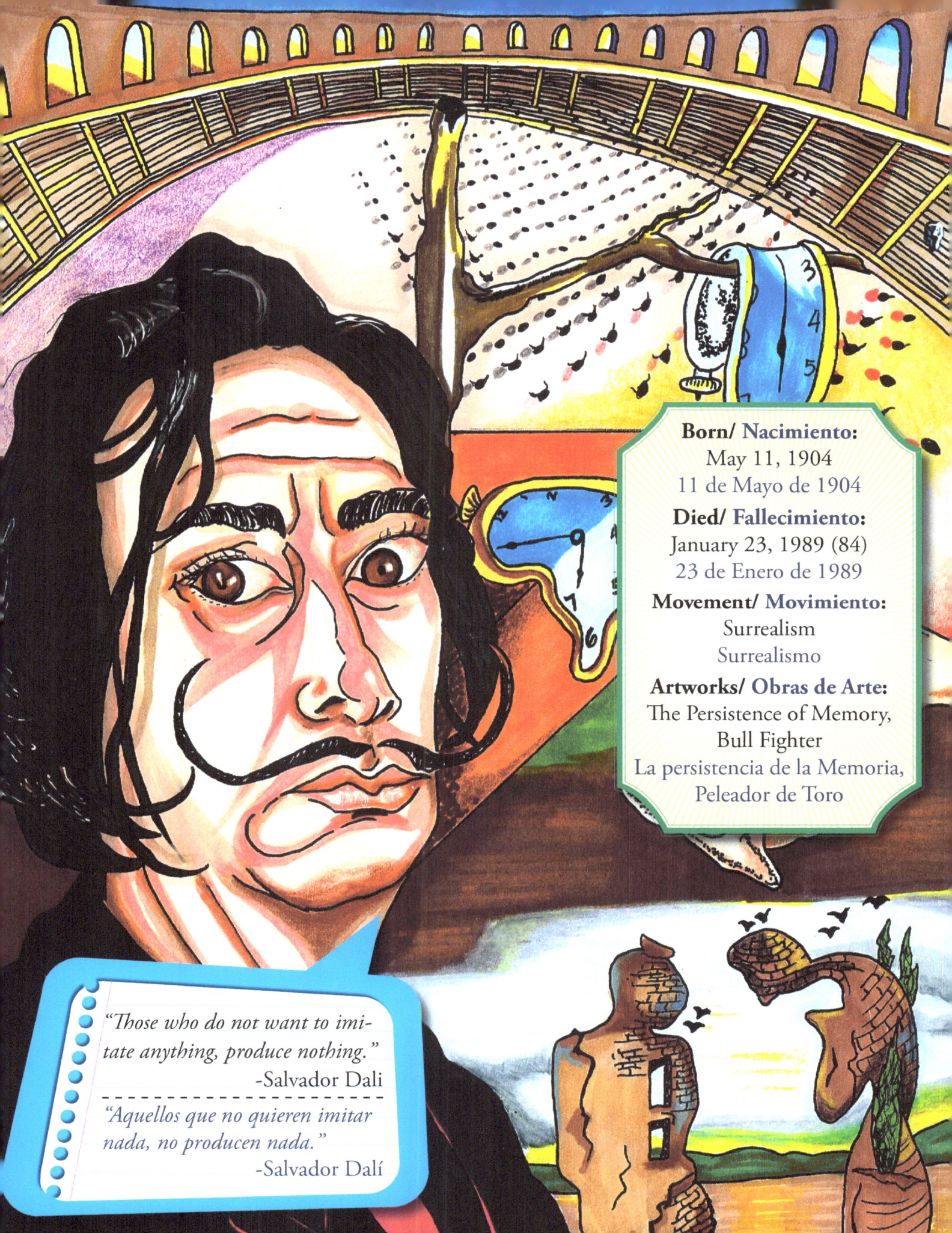

Who Am I?

I am an African-American painter and college professor who is noted as one of the most influential African-American artists of the 20th Century. I was known for my narrative series in which I visually depicted a great migration of African-Americans from the rural South to the urban North. I was also a professor at the University of Washington for fifteen years. I was a part of the Dynamic Cubism movement in which I used flame like forms and aggressive resistance of structures. My paintings with movement give off a stillness or somewhat frieze like image.

I am **Jacob Lawrence**.

- -

Quien soy yo?

Yo soy un pintor Afro-Americano y profesor de Universidad que destaca como uno de los más influyentes artistas afro-americanos del Siglo XX. Fui conocido por mis series narrativas que usualmente representaban la gran migración de Afro-Americanos del Sur rural al Norte urbano. También fui profesor en la Universidad de Washington por 15 años. Fui parte del movimiento Dinámico del Cubismo, en el cual yo usé formas llameantes y resistencia agresiva de estructuras. Mis pinturas con movimiento dan una sensación de tranquilidad, o más o menos de imagen frisa.

Yo soy **Jacob Lawrence**.

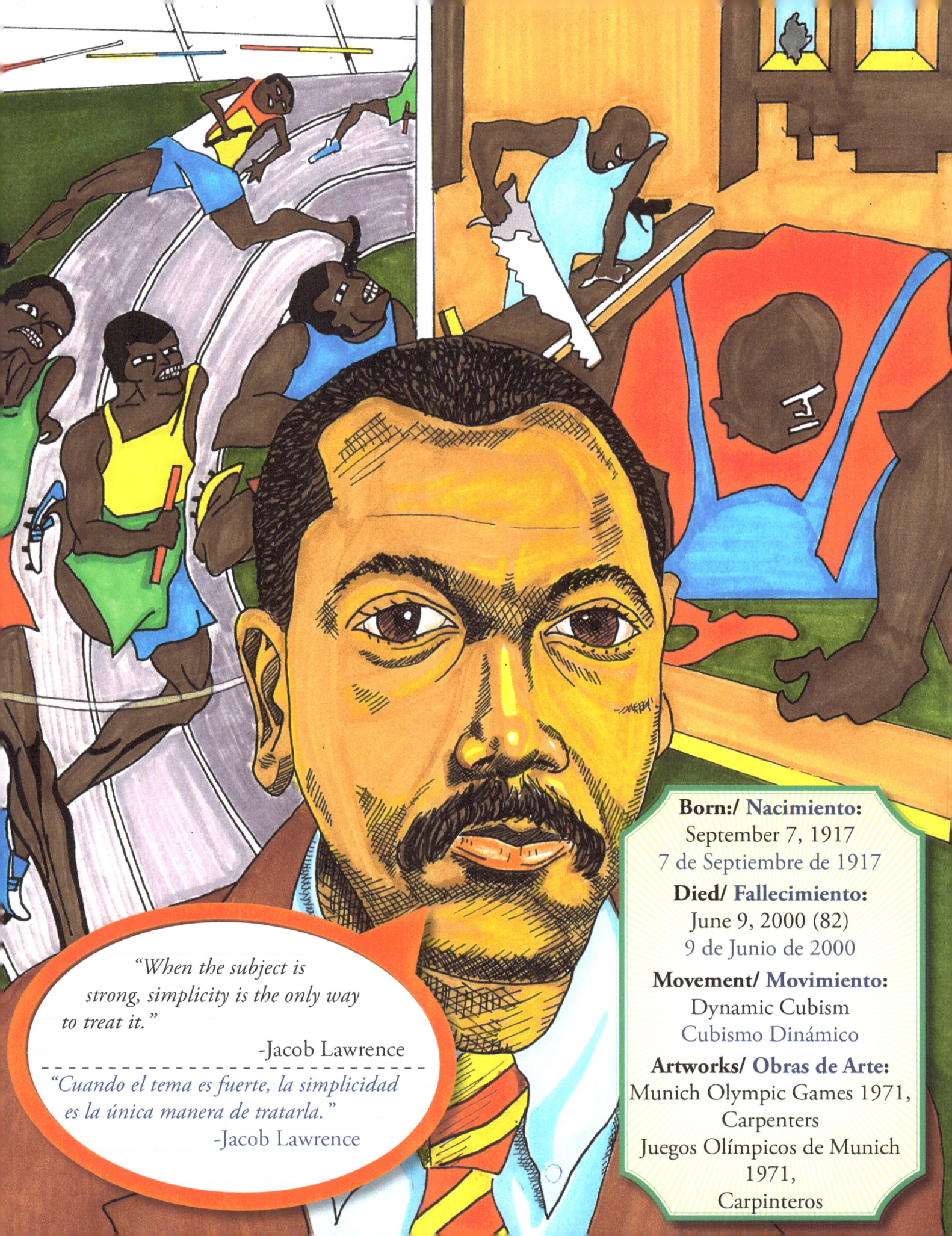

"When the subject is strong, simplicity is the only way to treat it."

-Jacob Lawrence

- -

"*Cuando el tema es fuerte, la simplicidad es la única manera de tratarla.*"

-Jacob Lawrence

Born:/ Nacimiento:
September 7, 1917
7 de Septiembre de 1917

Died/ Fallecimiento:
June 9, 2000 (82)
9 de Junio de 2000

Movement/ Movimiento:
Dynamic Cubism
Cubismo Dinámico

Artworks/ Obras de Arte:
Munich Olympic Games 1971,
Carpenters
Juegos Olímpicos de Munich
1971,
Carpinteros

Who Am I?

I am an American female painter who studied art at the Art Institute of Chicago and the Art Students League in New York. I knew I wanted to be an artist by the age of 10. My purpose in artworks was to portray the power and emotion of objects of nature. I explored the theme of magnifying flower images in my paintings. In 1985, President Ronald Reagan presented me with the National Medal of Arts for my artistic accomplishments. I was a part of the American Modernism movement that gave human beings the power to create and reshape their environment with the use of scientific knowledge and technology.

I am **Georgia O' Keeffe**.

- -

Quien soy yo?

Yo soy una pintora Estadounidense que estudió arte en el Instituto de Artes de Chicago y en la Liga de Estudiantes de Arte en Nueva York. Yo supe que quería ser una artista a la edad de diez años. Mi propósito en las obras de arte era retratar el poder de las emociones de los objetos de la naturaleza. Exploté el tema de magnificar flores en mis pinturas. En 1985, el Presidente Ronald Reagan me premió con la Medalla Nacional de Artes por mis logros artísticos. Fui parte del movimiento Modernista Americano, el que le dio a los seres humanos el poder de crear y reformar su medio ambiente con el uso de la sabiduría científica y la tecnología.

Yo soy **Georgia O' Keeffe**.

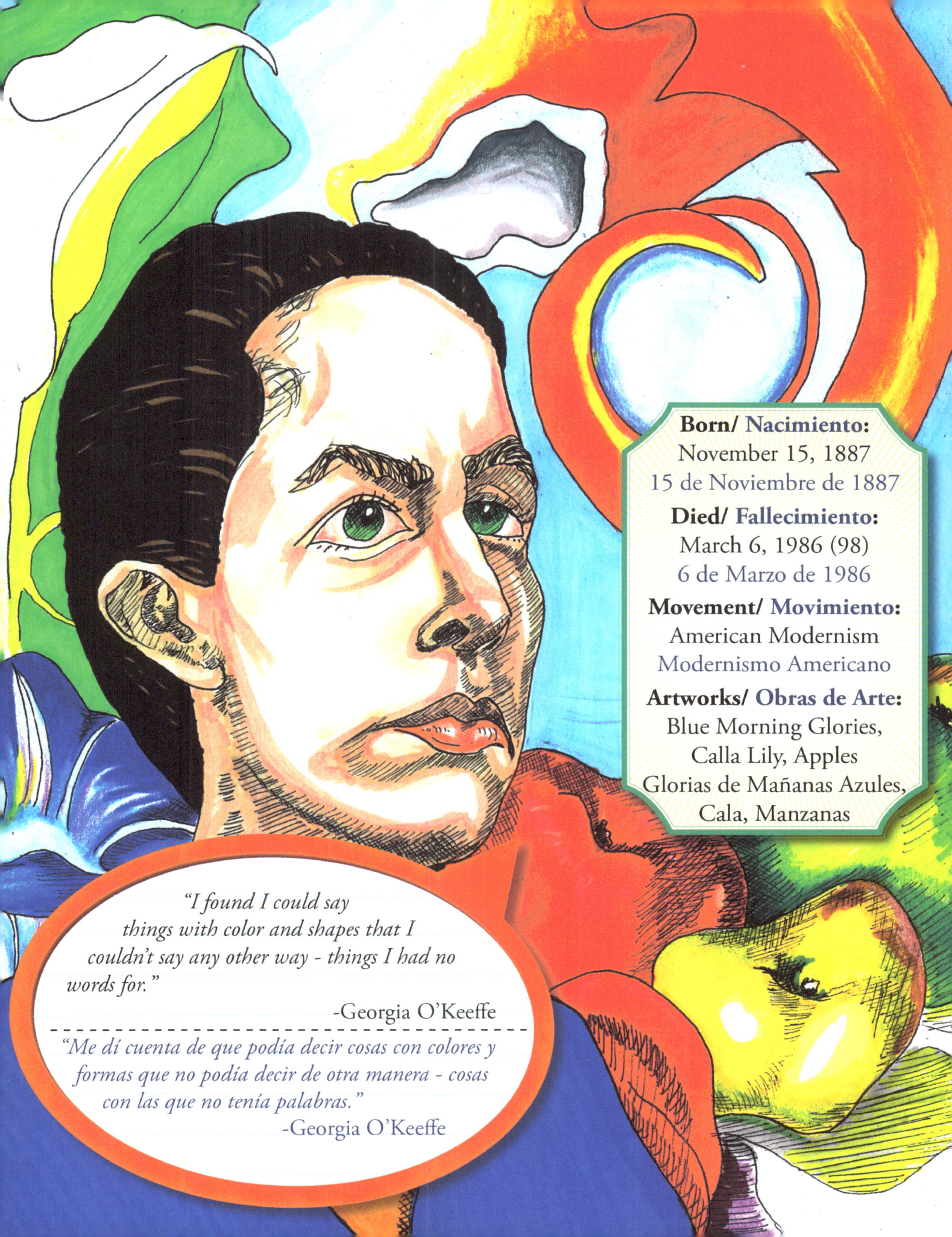

Born/ Nacimiento:
November 15, 1887
15 de Noviembre de 1887

Died/ Fallecimiento:
March 6, 1986 (98)
6 de Marzo de 1986

Movement/ Movimiento:
American Modernism
Modernismo Americano

Artworks/ Obras de Arte:
Blue Morning Glories,
Calla Lily, Apples
Glorias de Mañanas Azules,
Cala, Manzanas

"I found I could say things with color and shapes that I couldn't say any other way - things I had no words for."

-Georgia O'Keeffe

"Me dí cuenta de que podía decir cosas con colores y formas que no podía decir de otra manera - cosas con las que no tenía palabras."

-Georgia O'Keeffe

*W*ho Am I?

I am an American painter who attended the New York School of Abstract Expressionists. My painting style, <u>Action Painting</u>, was different from the style of traditional painters as I placed my canvas on the floor, splashing, smearing, and dripping paint liquids along with mixing unusual materials. I was often called "Jack the Dripper." I wanted the paint to free flow and travel spontaneously across the canvas forming a life of its on. I was a part of Abstract Expressionism, which was an American movement that achieved International recognition. This movement combined abstract forms with an emphasis on spontaneous and or subconscious creation.

I am **Jackson Pollock**.

----

*Q*uien soy yo?

Soy un pintor Americano que asistió a la Escuela de Nueva York de Expresionistas Abstractos. Mi estilo de pintar, <u>Pintura en Acción</u>, era diferente del estilo de pintores tradicionales, ya que yo ponía mi lienzo en el suelo, salpicando, manchando, y goteando líquidos de pintura junto con la mezcla de materiales inusuales. Solía ser llamado "Jack el Goteador." Yo quería que la pintura viajara espontáneamente por las lonas formando una vida propia. Fui parte del Expresionismo Abstracto, que era un movimiento Estadounidense que logró reconocimientos Internacionales. Este movimiento combinó formas abstractas, dando énfasis a la espontaneidad o la creación subconsciente.

Yo soy **Jackson Pollock**.

---

*<u>Underlined</u> words are listed in the Glossary | *Las palabras <u>subrayadas</u> están listadas en el Glosario

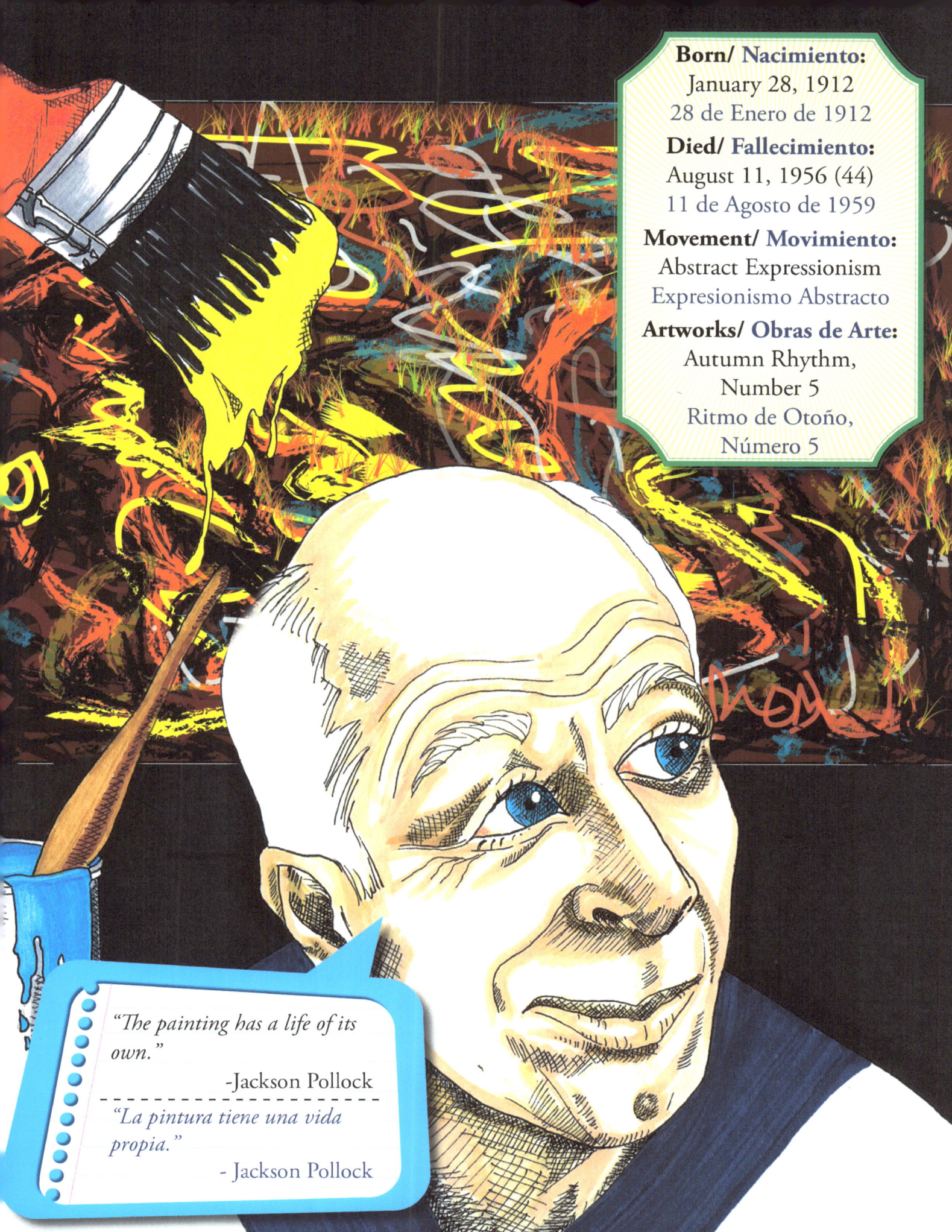

Glossary

Aesthetics is a branch of philosophy dealing with the nature of art, beauty, and taste, with the creation and appreciation of beauty.

La estética es una rama de la filosofía que medita sobre la naturaleza del arte, la belleza y el gusto, con la creación y la apreciación de la belleza.

Action Painting, sometimes called "gestural abstraction," is a style of painting in which paint is spontaneously dribbled, splashed or smeared onto the canvas, rather than being carefully applied.

Pintura de Acción a veces llamada "abstracción gestual," es un estilo de pintura en la cual la pintura es espontáneamente regada, salpicada o lanzada a la lona, en vez de ser cuidadosamente aplicada.

Art is a diverse range of human activities and the products of those activities; this context focuses primarily on the visual arts, which includes the creation of images or objects in fields including painting, sculpture, printmaking, photography, and other visual media.

Arte es un rango diverso de actividades humanas y los productos de esas actividades. Este amplio contexto incluye las artes visuales, que incluyen la creación de imágenes u objetos en campos tangibles, incluyendo pintura, escultura, ilustración, fotografía, y otros medios.

Art movement is a tendency or style in art with a specific common philosophy or goal, followed by a group of artists during a restricted period of time. Art movements were especially important in modern art.

Movimiento Artístico es una tendencia o estilo en el arte con una filosofía común o meta, seguidas por un grupo de artistas durante un tiempo restringido. Los movimientos artísticos eran especialmente importantes en el arte moderna.

Chiaroscuro in art is the use of strong contrasts between light and dark, usually bold contrasts affecting a whole composition. This term is used throughout the Renaissance artistic period.

Claroscuro: en el arte es el uso de contrastes fuertes entre lo claro y lo oscuro, usualmente contrastes audaces que afectan toda la composición. Este término es usado particularmente durante el período artístico del Renacimiento.

Classical Art follows strict artistic principles and rules created by periods of Master Artist Painters, Sculptors and Architects which leads all the way back to the noble Greeks and Romans.

Arte Clásico sigue estrictos principios y reglas creadas por diversos maestros de la pintura, Escultores y Arquitectos que se remontan a la época de la nobleza grecorromana.

Imagery in art pertains to sight, and allows you to visualize events or places in a work of art.

Las **Imágenes** en el arte pertenecen a la vista, y te permiten visualizar eventos o lugares en una obra de arte.

Tenebrism from the Italian tenebroso (murky), also called dramatic illumination, is a style of painting using very pronounced chiaroscuro, where there are violent contrasts of light and dark and darkness becomes a dominating feature of the image. This term is used throughout the Baroque artistic period.

El **Tenebrismo**: su nombre proviene del italiano "tenebroso", y también es llamado iluminación dramática. Es un estilo de pintura que utiliza un muy pronunciado claroscuro, donde hay contrastes violentos de luz y sombra, y la oscuridad se vuelve una característica dominante de la imagen. Este término es usado durante la época artística del barroco.

Tradition (traditional) is a belief or behavior passed down within a group or society with symbolic meaning or special significance with origins in the past.

La Tradición (o lo tradicional) es una creencia o manera de ser pasada entre grupos o sociedades con significados simbólicos o significancias especiales con orígenes del pasado.

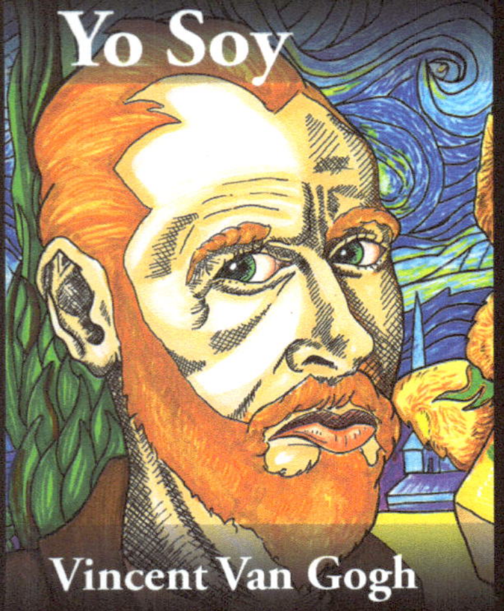

Yo Soy

Vincent Van Gogh

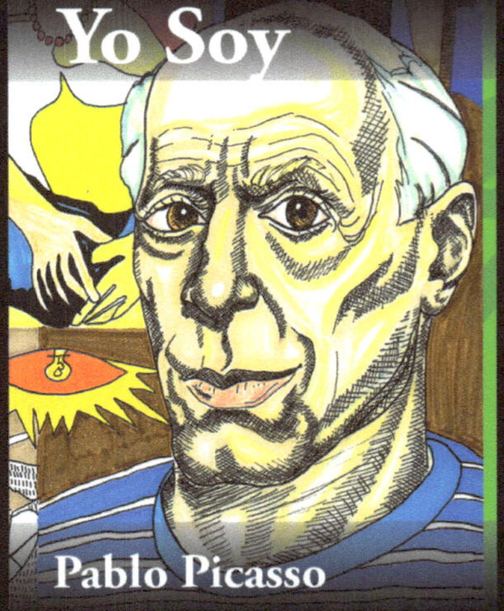

Yo Soy

Pablo Picasso

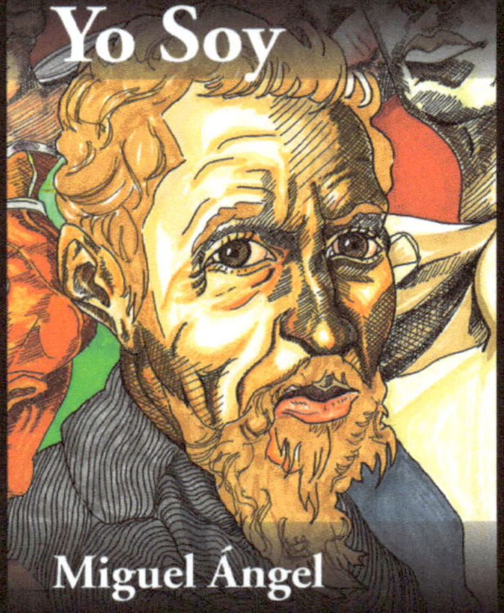

Yo Soy

Miguel Ángel

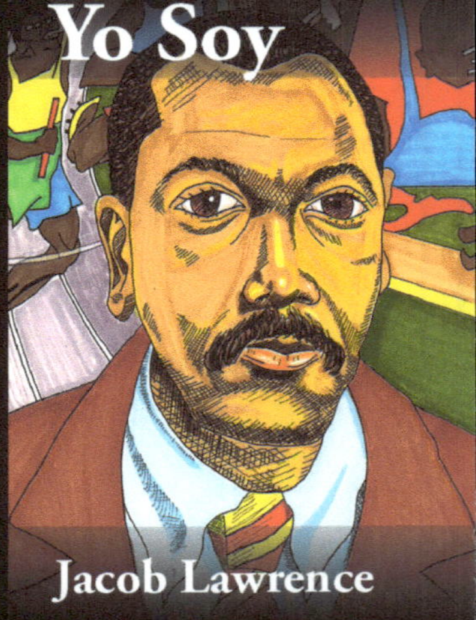

Yo Soy

Jacob Lawrence

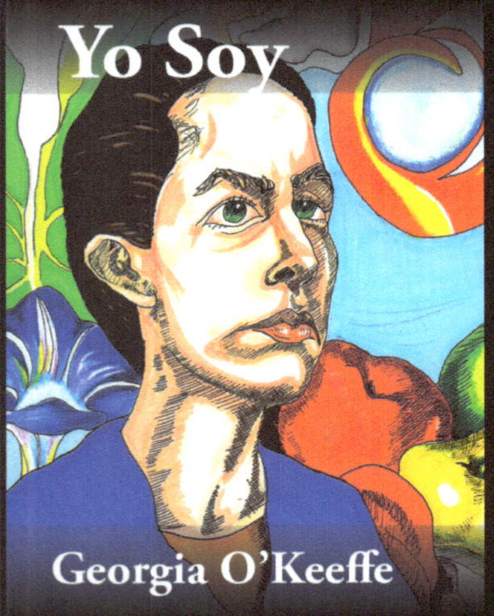

Yo Soy

Georgia O'Keeffe

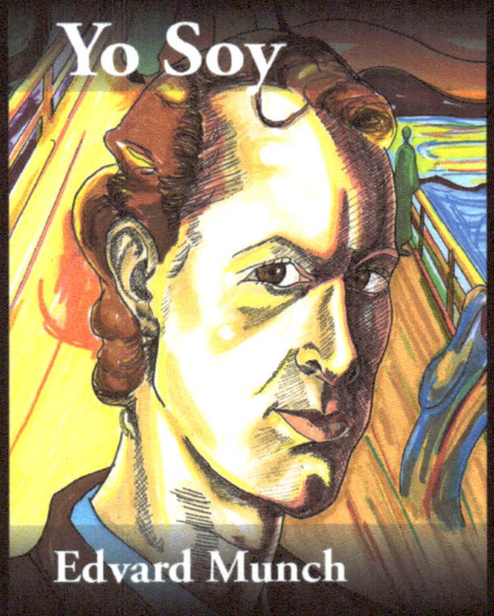

Yo Soy

Edvard Munch

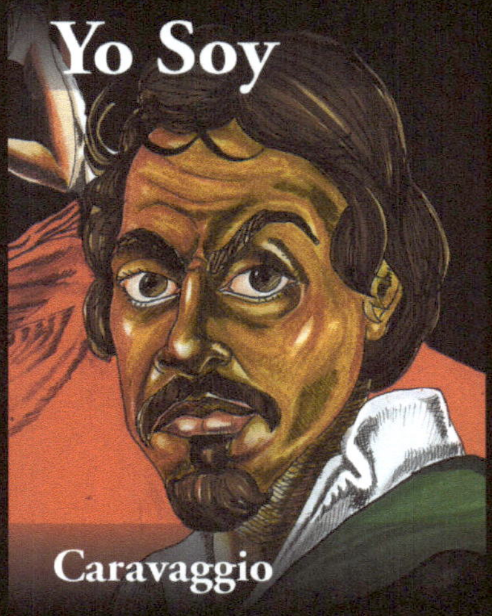

Yo Soy

Caravaggio

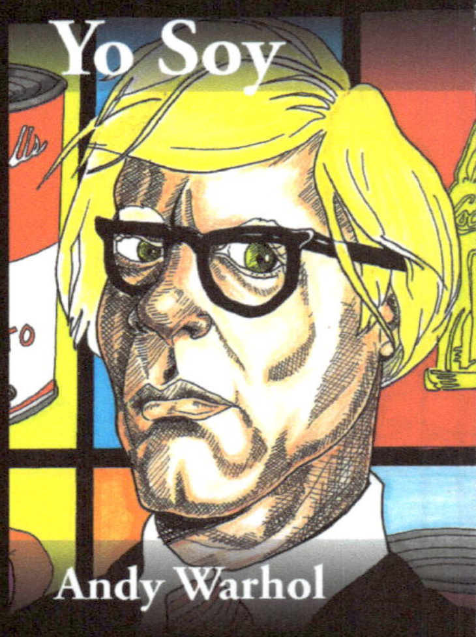

Yo Soy

Andy Warhol

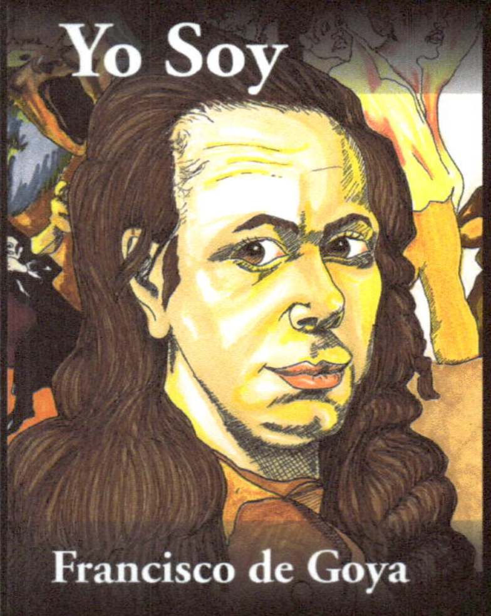

Yo Soy

Francisco de Goya

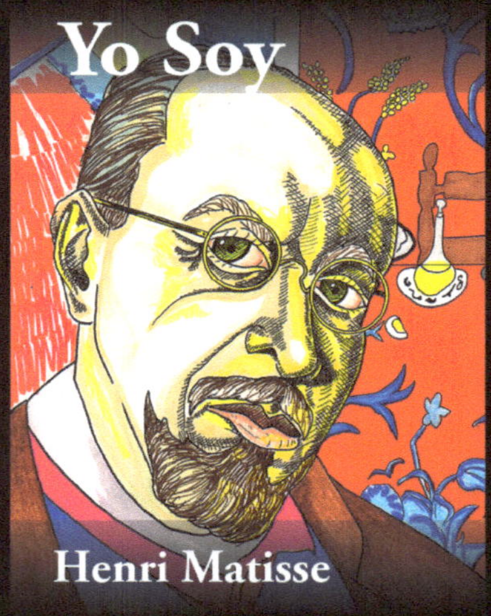

Yo Soy

Henri Matisse

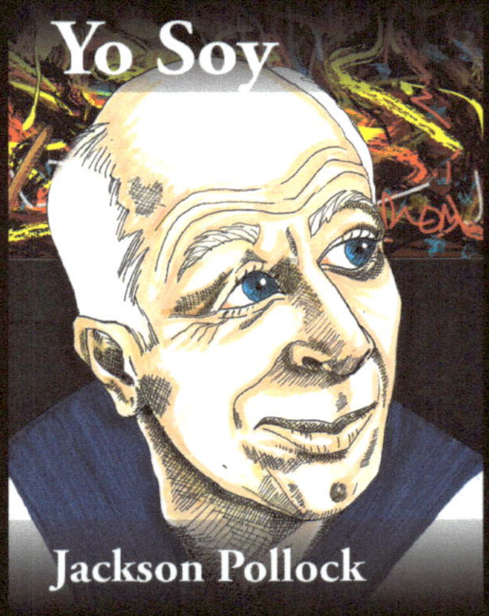

Yo Soy

Jackson Pollock

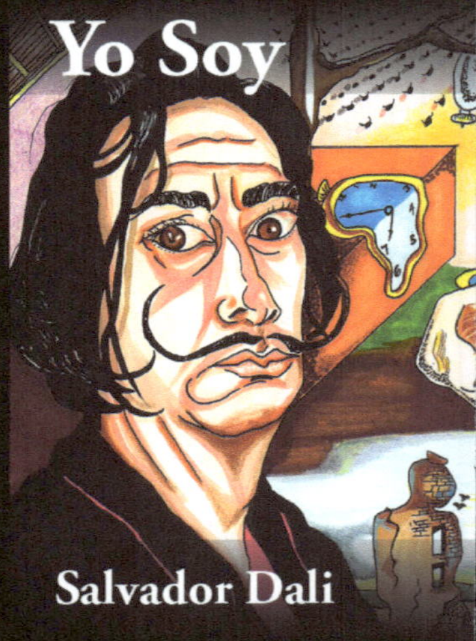

Yo Soy

Salvador Dali

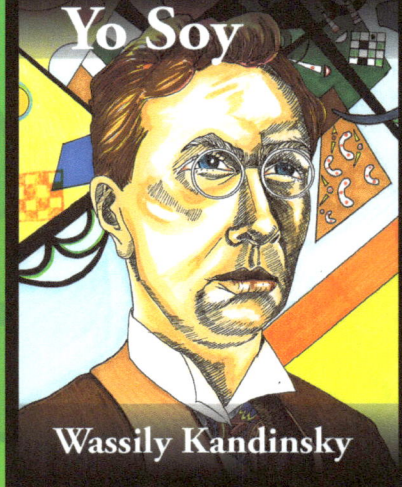

Yo Soy

Wassily Kandinsky